쉽게 배우는
어린이 영단어
따라쓰기

편집부 편

와이 앤 엠

이 책의 구성과 사용방법

단어를 그림과 함께 포괄적으로 보였습니다.

개별단어를 익히기 전에, 그 단어를 그림과 함께 포괄적으로 보여 줌으로써 학습을 예측할 수 있도록 하였습니다. 이는 길을 모르고 떠나는 것보다 지도를 보고 떠나는 것이 훨씬 쉽고 편한 것과 같습니다.

주제별로 단어를 모아 배우기가 쉽습니다.

어린이의 주위에서 쉽게 접할 수 있는 단어를 주제별로 모았습니다. 따라서 어린이는 단어를 연상적으로 배워나갈 수 있습니다.

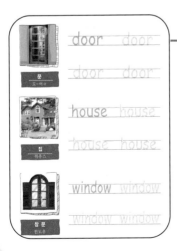

단어를 3선 위에 쓰도록 구성하였습니다.

익힌 단어를 보기박스에서 찾아 3선 위에 쓰도록 하여 반복학습과 함께 기억의 효과를 높이도록 하였습니다.

흥미있는 문제로 어린이의 학습동기를 높였습니다.

어린이는 학습보다 재미있는 게임을 좋아합니다.
단어의 학습에 이런 어린이의 마음을 활용하여
연습문제를 엮었습니다. 배운 단어를 오래도록
기억할 수 있습니다.

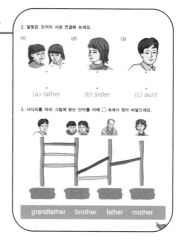

영어의 대립어를 넣어서 암기하기 쉽게 만들었습니다.

서로 대립되는 영어를 동시에 배열함으로서 기억
하기 쉽고 이해하기 쉽도록 꾸몄습니다.

연습문제로 다시 한 번 익히게 하여 반복효과를 냈습니다.

영단어와 한글, 그림을 함께 배치하여 알기 쉽고
오래도록 기억에 남도록 꾸몄습니다.

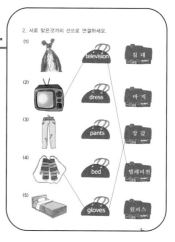

차 례

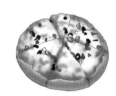

주제별
어린이 영단어
따라쓰기
(알파벳·단어편)

1.우리집

roof

window

door

garden

yard

lawn

🎒 다음 단어를 소리내어 읽어 보세요.

  house 하우스 집

  yard 야-드 마당

  lawn 론 잔디

  window 윈도우 창문

  garden 가-든 정원

  hall 홀 현관

단어를 예쁘게 따라 써 보세요.

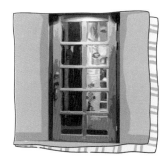

문
도-어ㄹ

door　　door

door　　door

집
하우스

house　house

house　house

창 문
윈도우

window　window

window　window

현 관
홀

hall   hall

hall   hall

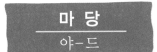

마 당
야-드

yard   yard

yard   yard

정 원
가-든

garden garden

garden garden

9

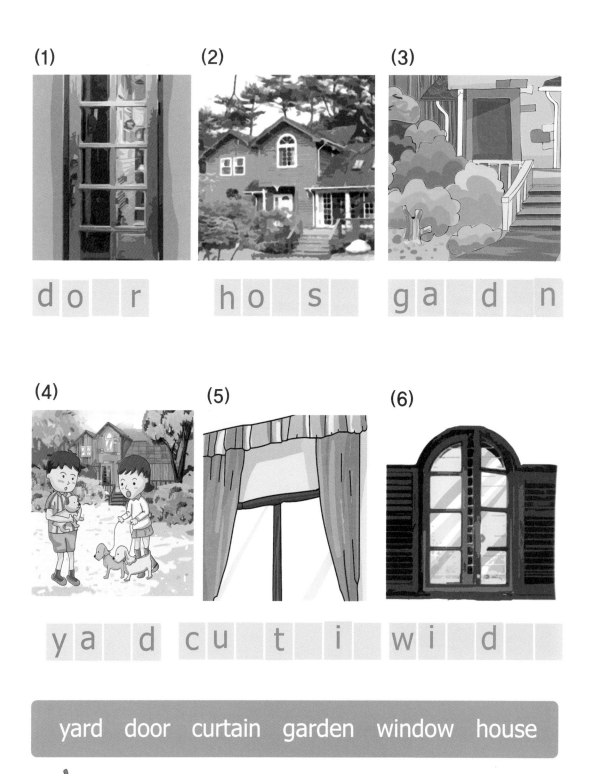

1.다음 그림에 맞은 단어를 아래에서 찾아 써 넣으세요.

(1)

d o ☐ r

(2)

h o ☐ s ☐

(3)

g a ☐ d ☐ n

(4)

y a ☐ d

(5)

c u ☐ t ☐ i ☐

(6)

w i ☐ d ☐ ☐

yard   door   curtain   garden   window   house

2.다음 그림에 맞은 단어를 아래에서 찾아 써 넣으세요.

(1) mailbox
milk

(2) curtain
case

(3) oof
radio

(4) hall
hand

(5) frame
food

(6) house
hen

2.우리몸

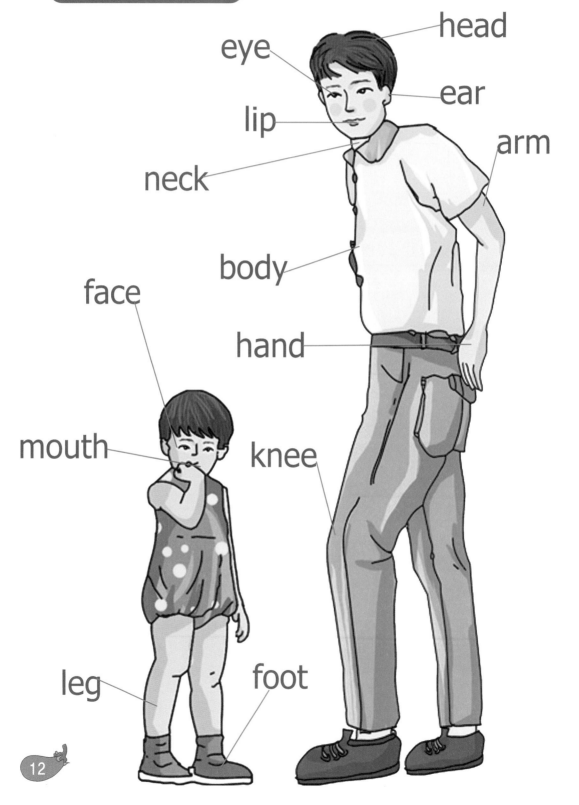

head

eye

ear

lip

arm

neck

body

face

hand

mouth

knee

leg

foot

다음 단어를 소리내어 읽어 보세요.

knee
니-
무릎

eye
아이
눈

head
해드
머리

hair
헤어-
머리카락

hand
핸드
손

arm
암
팔

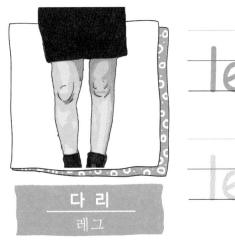

다 리
레그

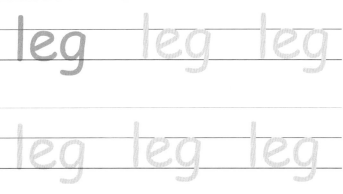

leg leg leg

leg leg leg

귀
이어-

ear ear ear

ear ear ear

목
넥

neck neck neck

neck neck neck

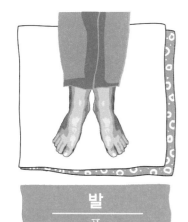

발
풋

foot foot

foot foot

얼 굴
페이스

face face

face face

입
마우쓰

mouth mouth

mouth mouth

1. 빈칸에 알맞은 알파벳을 써 넣으세요.

(1)

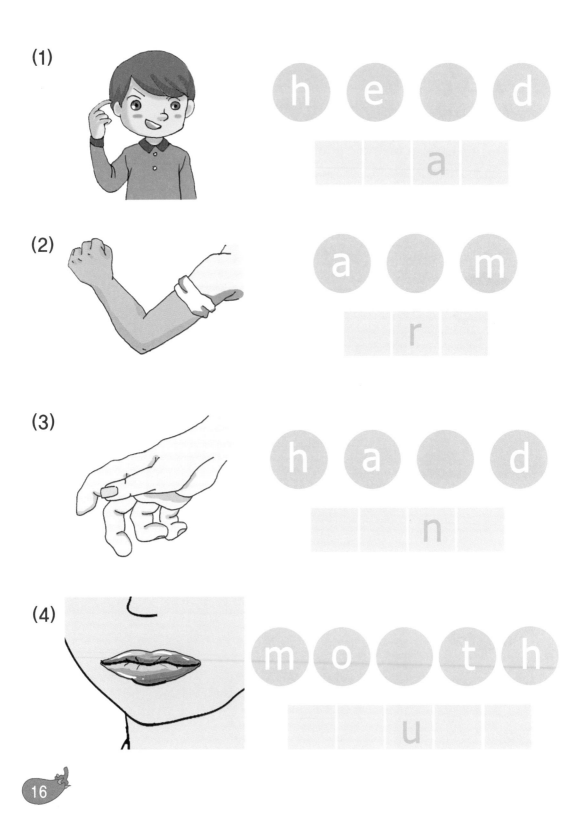

h e ⬚ d

⬚ ⬚ a ⬚

(2)

a ⬚ m

⬚ r ⬚

(3)

h a ⬚ d

⬚ ⬚ n ⬚

(4)

m o ⬚ t h

⬚ ⬚ u ⬚

2. 서로 맞는 것끼리 선으로 연결하세요.

3. 다음 맞는 단어에 ∨표를 하세요.

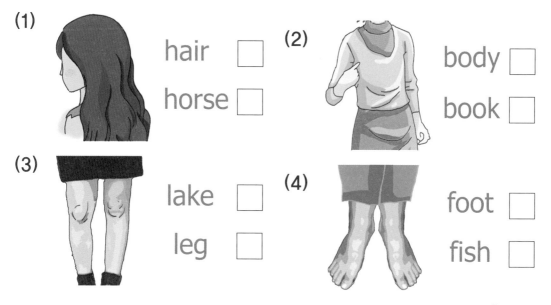

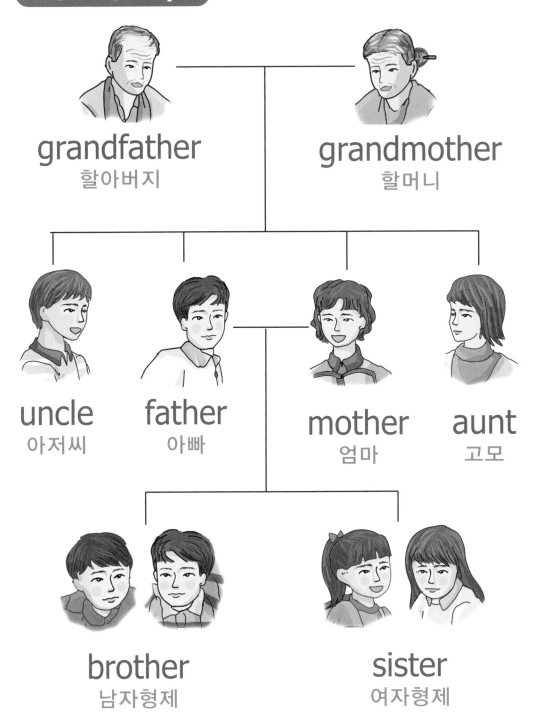

grandfather
할아버지

grandmother
할머니

uncle
아저씨

father
아빠

mother
엄마

aunt
고모

brother
남자형제

sister
여자형제

다음 단어를 소리내어 읽어 보세요.

grandfather
그랜드 파-더-

할아버지

grandmother
그랜드 머더-

할머니

father
파-더

아빠

mother
머더-

엄마

brother
브라더-

남자형제

sister
시스터-

여자형제

단어를 예쁘게 따라 써 보세요.

아저씨
엉클

uncle   uncle

uncle   uncle

아버지
파-더-

father   father

father   father

어머니
머더-

mother   mother

mother   mother

고 모
앤트

aunt aunt

aunt aunt

남자형제
브러더-

brother brother

brother brother

여자형제
시스터-

sister sister

sister sister

21

1. 아래 ☐ 속에서 알맞은 알파벳을 찾아 빈칸에 써 넣으세요.

(1) ☐ncle

(2) ☐randmother

(3) m ☐ ther

(4) f ☐ ther

(5) gran ☐ father

(6) b ☐ other

(7) au ☐ t

(8) sis ☐ er

(9) b ☐ by

n r a g u o d t

2. 알맞은 것끼리 서로 연결해 보세요.

(1)

(2)

(3)

•

•

•

•

•

•

(a) father

(b) sister

(c) aunt

3. 사다리를 따라 그림에 맞는 단어를 아래 □ 속에서 찾아 써넣으세요.

grandfather   brother   father   mother

다음 단어를 소리내어 읽어 보세요.

sofa
쏘우풔
소파

table
테이블
테이블

cap
캡
모자

skirt
스커-트
치마

pants
팬츠
바지

gloves
글러브즈
장갑

단어를 예쁘게 따라 써 보세요.

시 계
클락

clock   clock

clock   clock

텔레비전
텔러비전

television

television

전 화
텔레포운

telephone

telephone

우 산
엄브뤄ㄹ러

umbrella

umbrella

침 대
뱃

bed   bed   bed

bed   bed   bed

스웨터
스웨터-

sweater sweater

sweater sweater

1. 아래 □ 속에서 알맞은 알파벳을 찾아 빈칸에 써 넣으세요.

(1)
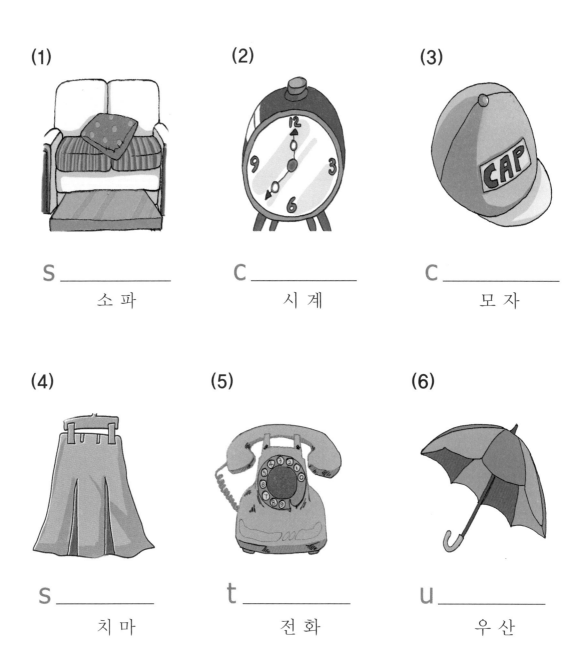

s _____
소 파

(2)

c _____
시 계

(3)

c _____
모 자

(4)

s _____
치 마

(5)

t _____
전 화

(6)

u _____
우 산

clock telephone sofa umbrella skirt cap

2. 서로 맞은것끼리 선으로 연결하세요.

(1)

(2)

(3)

(4)

(5)

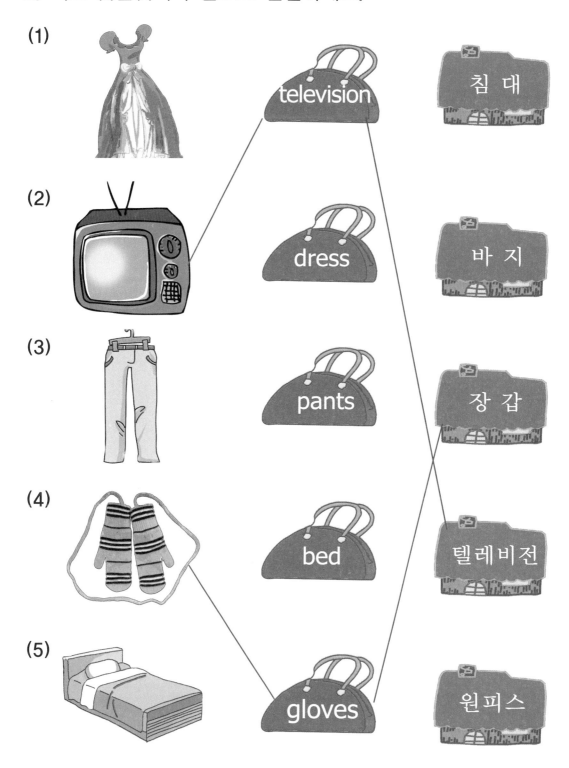

5. 주방

kitchen

sink

refrigerator

oven

glass

dish

knife

다음 단어를 소리내어 읽어 보세요.

sink
싱크

싱크대

knife
나이프

나이프

glass
글래쓰

유리컵

bowl
보울

그릇

dish
디쉬

접시

range
레인지

레인지

단어를 예쁘게 따라 써 보세요.

레인지
레인지

range range

range range

싱크대
싱크

sink sink sink

sink sink sink

오븐
어븐

oven oven

oven oven

숟가락
스푼

spoon spoon

spoon spoon

부엌
키친

kitchen

kitchen

컵
컵

cup cup cup

cup cup cup

1. 그림과 서로 맞는 단어를 연결해 보세요.

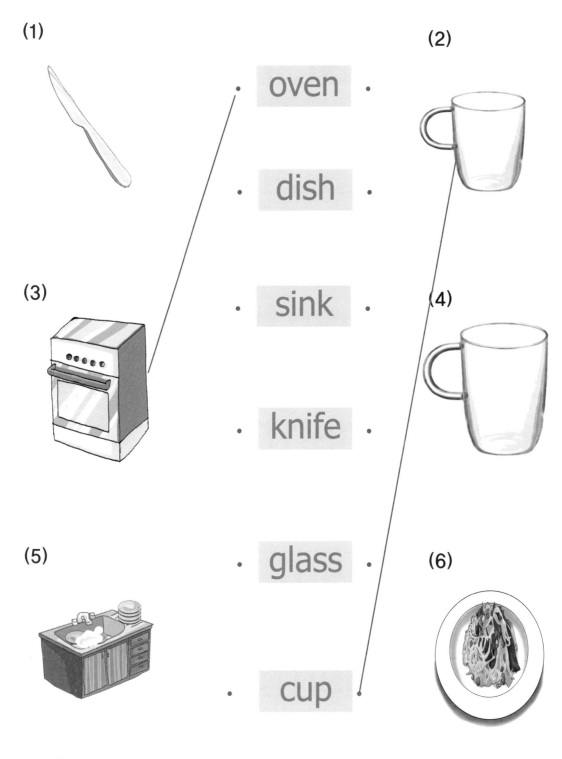

(1)

(2)

oven

dish

(3)

sink

(4)

knife

(5)

glass

(6)

cup

2. 그림에 맞는 단어를 아래 ☐ 속에서 찾아 선 위에 써 넣으세요.

(1)

refrigerator

(2)

(3)

(4)

(5)

range

(6)

(7)

(8)

(9)

range	sink	spoon	refrigerator
kitchen	dish	oven	knife	glass

6. 음식

meat
고 기
미-트

oil
기 름
오일

chicken
닭고기
치킨

bread
빵
브레드

sandwich
샌드위치
샌드위치

cheese
치 즈
치-즈

pizza
피 자
핏쩌

sugar
설 탕
슈거-

sausage
소시지
소-시지

beef

쇠고기
비프

ice cream

아이스 크림
아이스 크림

candy

캔 디
캔디

milk

우 유
밀크

jam

잼
잼

ham

햄
햄

pork

돼지고기
포-크

butter

버 터
버터-

steak

스테이크
스테이크

단어를 예쁘게 따라 써 보세요.

기 름
오일

oil oil oil oil

oil oil oil oil

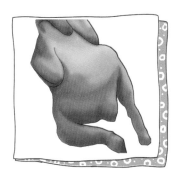

닭고기
치킨

chicken chicken

chicken chicken

샌드위치
샌드위치

sandwich

sandwich

피 자
핏쩌

pizza

pizza

잼
잼

jam

jam

우 유
밀크

milk

milk

1. 아래 □ 속에서 맞는 단어를 찾아 써 넣으세요.

(1)

P [ ] [ ] [ ] [ ]
[ ] i [ ] z a

(2)

[ ] A [ ]
j [ ] m

(3)

S [ ] [ ] S [ ] [ ] E
[ ] a [ ] [ ] a [ ] [ ]

(4)

M [ ] L [ ]
[ ] [ ] k

| MILK | pizza | milk | sausage |
| JAM | SAUSAGE | jam | PIZZA |

40

2. 그림과 맞는 단어에 ◯표를 하세요.

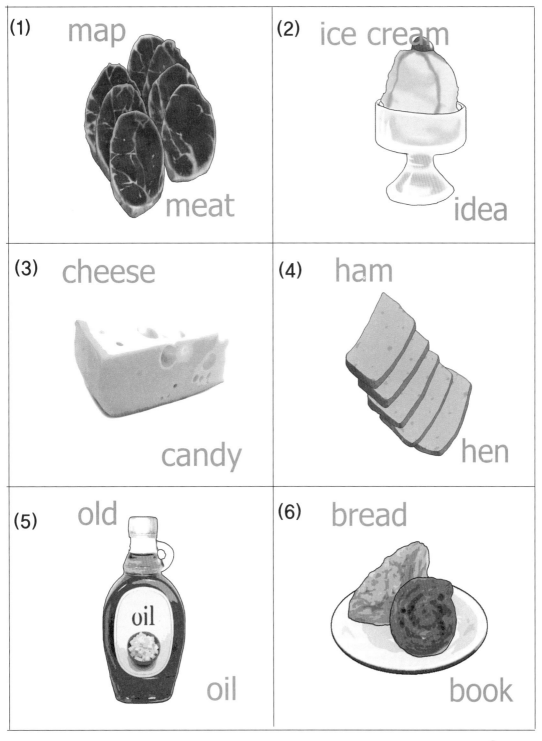

(1) map
meat

(2) ice cream
idea

(3) cheese
candy

(4) ham
hen

(5) old
oil

(6) bread
book

7. 과일

grape

포 도
그레이프

strawberry

딸 기
스트로-베리

melon

메 론
메런

banana

바나나
버내너

peach

복숭아
피-치

apple

사 과
애플

kiwi

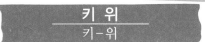
키 위
키–위

tomato

토마토
터메이토우

mango

망고
맹고우

lemon

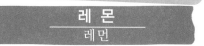
레 몬
레먼

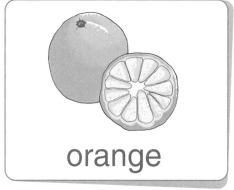

orange

오렌지
오–린지

pear

배
페어–

단어를 예쁘게 따라 써 보세요.

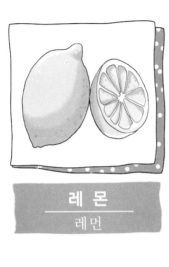

레 몬
레먼

lemon　lemon

lemon　lemon

바 나 나
버내너

banana　banana

banana　banana

사 과
애플

apple　apple

apple　apple

오렌지
오린지

orange orange

orange orange

메 론
매런

melon melon

melon melon

포 도
그레이프

grape grape

grape grape

1. 아래 ☐ 속에서 맞는 단어를 찾아 써 넣으세요.

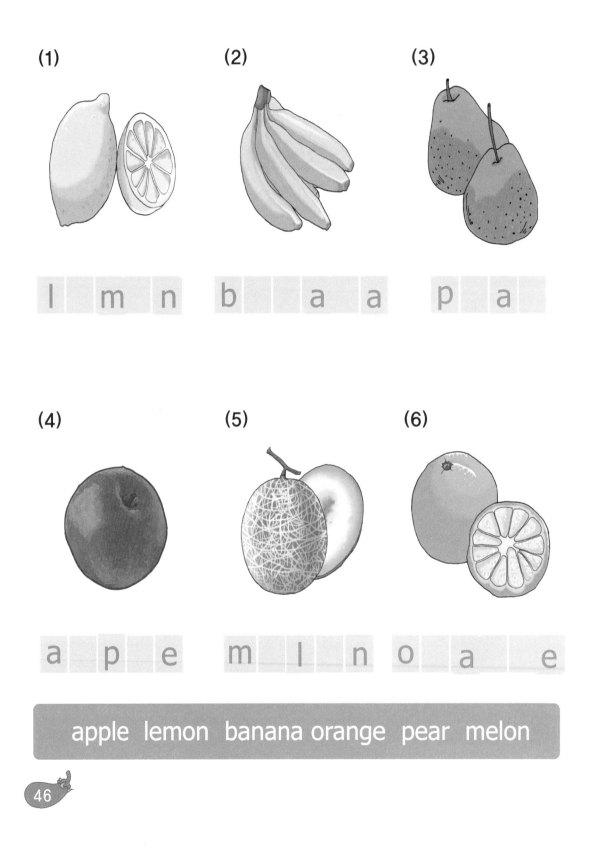

(1)

l ☐ m ☐ n

(2)

b ☐ a ☐ a

(3)

p ☐ a ☐

(4)

a ☐ p ☐ e

(5)

m ☐ l ☐ n

(6)

o ☐ a ☐ e

apple lemon banana orange pear melon

2. 알맞은 것끼리 서로 연결해 보세요.

(1)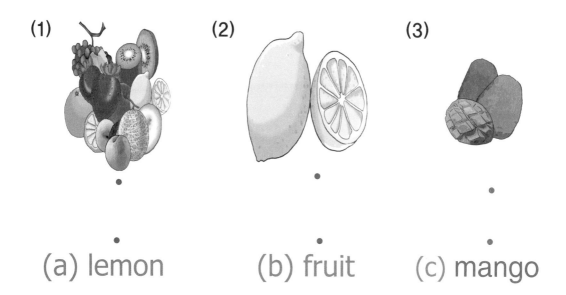

(2)

(3)

(a) lemon　　　(b) fruit　　　(c) mango

3. 그림에 맞는 단어를 아래 ☐ 속에서 찾아 써넣으세요.

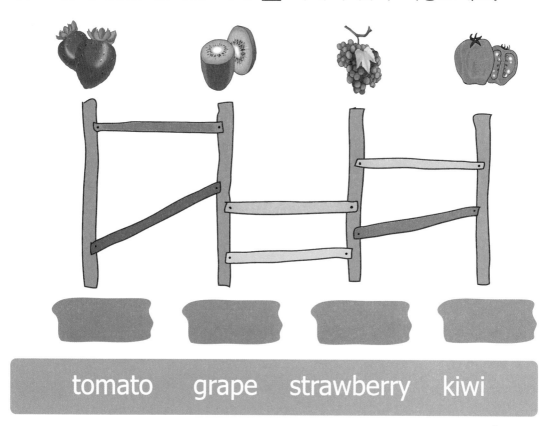

tomato　　grape　　strawberry　　kiwi

다음 단어를 소리내어 읽으면서 보세요.

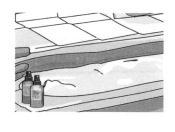

bathtub
베쓰터브

목욕통

shower
샤우어-

샤워기

sink
싱크

세면대

toilet
토일릿

변기

toothbrush
튜-쓰브러쉬

칫솔

mirror
미러-

거울

단어를 예쁘게 따라 써 보세요.

비 누
소우프

soap　　soap

soap　　soap

샤워기
샤우어-

shower　shower

shower shower

수 건
타월

towel　towel

towel　towel

변 기
토일릿

toilet toilet

toilet toilet

거 울
미러-

mirror mirror

mirror mirror

치 약
투-쓰페이스트

toothpaste

toothpaste

1. 순서를 바르게 하여 그림에 맞는 단어를 만들어 보세요.

(1)

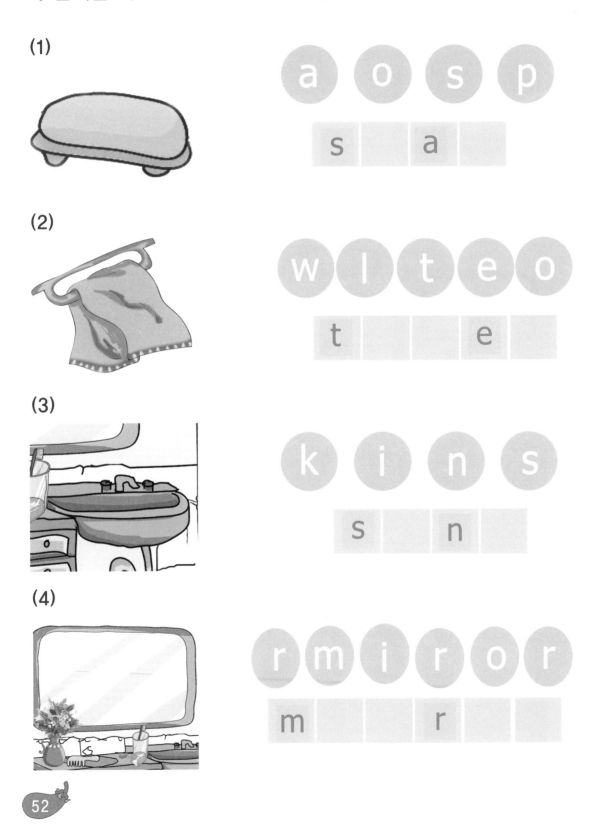

a o s p

s a

(2)

w l t e o

t e

(3)

k i n s

s n

(4)

r m i r o r

m r

2. 그림에 맞는 단어를 아래 ☐ 속에서 찾아 선 위에 써 넣으세요.

(1)

(2)

(3)

_____

_____

_____

(4)

(5)

(6)

_____

_____

_____

(7)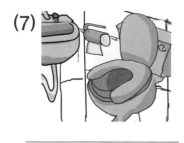

(8)

(9)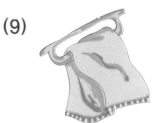

_____

_____

_____

sink   soap   toilet   toothbrush   mirror
toothpaste   towel   shower   bathtub

🎒 다음 단어를 소리내어 읽어 보세요.

	bag 백	가방
	teacher 티-처-	선생님
	pencil 팬슬	연필
	book 북	책
	chair 체어	의자
	eraser 이레이저-	지우개

🎒 단어를 예쁘게 따라 써 보세요.

교 실
클래스룸

classroom

classroom

칠 판
블랙보―드

blackboard

blackboard

공 책
노우트북

notebook

notebook

56

운동장
그라운드

ground　ground

ground　ground

책 상
데스크

desk　desk

desk　desk

자
룰러-

ruler　ruler

ruler　ruler

1. 서로 관계있는 것끼리 선으로 연결하세요.

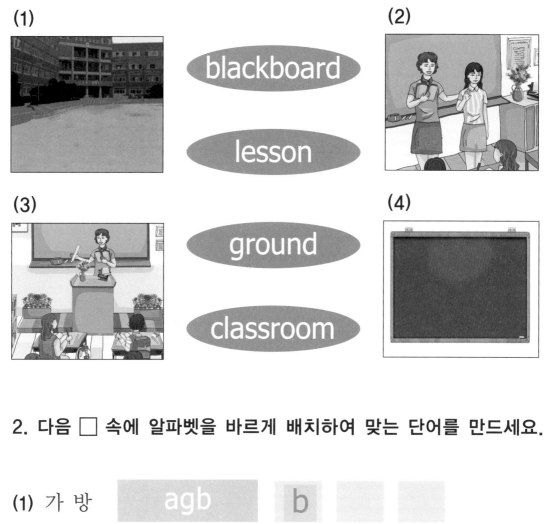

(1)
(2)

blackboard

lesson

(3)
(4)

ground

classroom

2. 다음 ☐ 속에 알파벳을 바르게 배치하여 맞는 단어를 만드세요.

(1) 가 방   agb   b

(2) 책 상   kdse   d

(3) 지우개   reresa   e

(4) 선생님   ehtarce   t

3. 아래 □ 속에서 맞는 단어를 찾아 써 넣으세요.

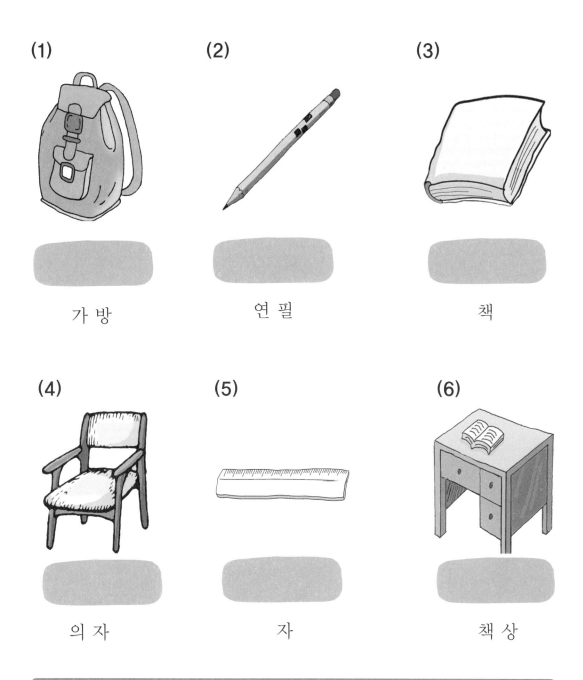

(1)

가 방

(2)

연 필

(3)

책

(4)

의 자

(5)

자

(6)

책 상

pencil ruler desk bag chair book

다음 단어를 소리내어 읽어 보세요.

soccer 사커 / 축구

baseball 베이스볼 / 야구

game 게임 / 게임

piano 피애노우 / 피아노

music 뮤직 / 음악

xylophone 자일러포운 / 실로폰

단어를 예쁘게 따라 써 보세요.

야 구

베이스볼

baseball baseball

baseball baseball

축 구

사커-

soccer soccer

soccer soccer

테니스

테니스

tennis tennis

tennis tennis

피아노
피애노우

piano   piano

piano   piano

바이올린
바이얼린

violin   violin

violin   violin

실로폰
자일러포운

xylophone

xylophone

1. 서로 맞는 것끼리 선으로 연결하세요.

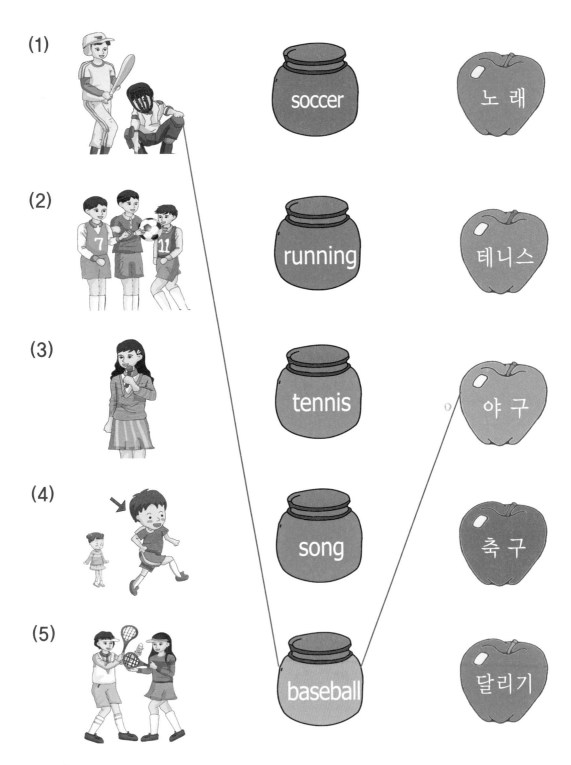

🎒 취미에 관한 단어입니다. 함께 배워 보세요.

piano

xylophone

movie

violin

soccer

2.위 그림을 보고 다음 물음에 보기와 같이 대답하세요.

(1)

What is this?
이것은 무엇인가요?

It is a piano.
그것은 피아노입니다.

(2)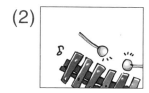

What is this?
이것은 무엇인가요?

It is _____ .
그것은 실로폰입니다.

(3)

What is this?
이것은 무엇인가요?

It is _____ .
그것은 바이올린입니다.

다음 단어를 소리내어 읽어 보세요.

ship
쉽

배

bus
버스

버스

airplane
에어-프레인

비행기

car
카

자동차

taxi
택시

택시

truck
트럭

트럭

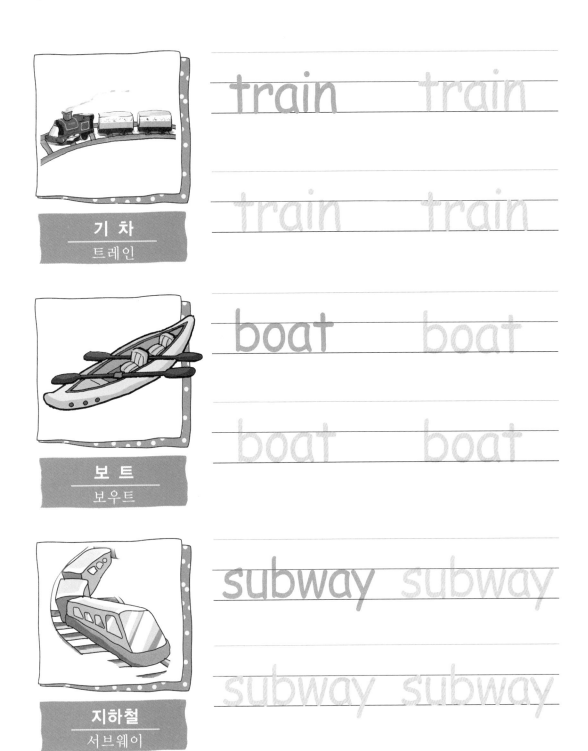

단어를 예쁘게 따라 써 보세요.

기 차
트레인

train　train
train　train

보 트
보우트

boat　boat
boat　boat

지하철
서브웨이

subway　subway
subway　subway

버 스
버스

bus bus bus
bus bus bus

자동차
카-

car car car
car car car

택 시
택시

taxi taxi taxi
taxi taxi taxi

1. 그림과 서로 맞는 단어를 연결해 보세요.

(1)

(2)

bus

boat

(3)

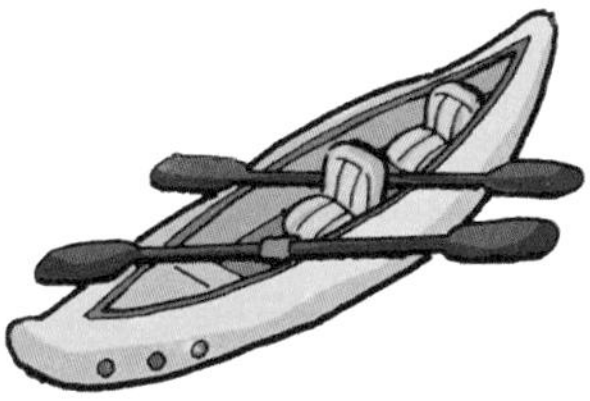

airplane

(4)

train

(5)

truck

(6)

car

2. 그림을 보고 단어를 완성시켜 보세요.

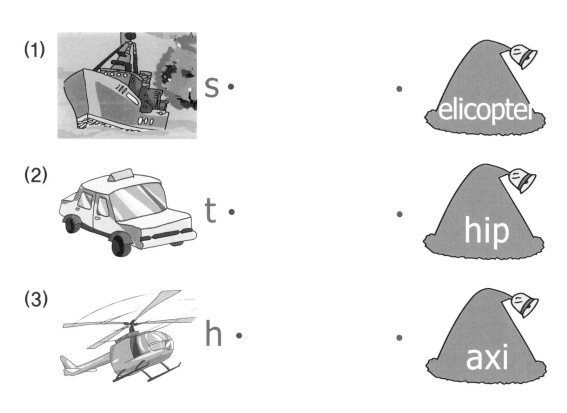

(1) s ·   · elicopter

(2) t ·   · hip

(3) h ·   · axi

3. 다음 맞는 단어에 ∨표를 하세요.

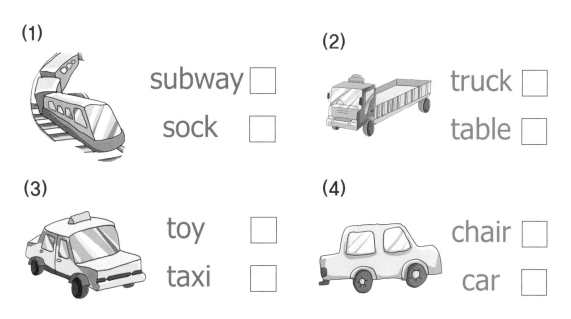

(1)
subway ☐
sock ☐

(2)
truck ☐
table ☐

(3)
toy ☐
taxi ☐

(4)
chair ☐
car ☐

다음 단어를 소리내어 읽어 보세요.

dog
독
개

cat
캣
고양이

bear
베어-
곰

tiger
타이거-
호랑이

lion
라이언
사자

monkey
멍키
원숭이

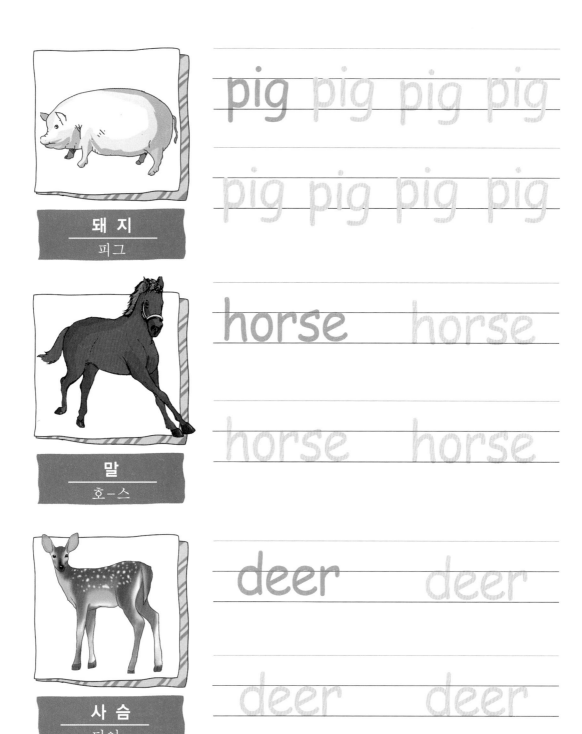

단어를 예쁘게 따라 써 보세요.

돼 지
피그

pig pig pig pig
pig pig pig pig

말
호-스

horse horse
horse horse

사 슴
디어-

deer deer
deer deer

암 소
카우

cow cow cow

cow cow cow

새
버-드

bird bird bird

bird bird bird

암 탉
핸

hen hen hen

hen hen hen

1. 아래 □ 속에서 알맞은 알파벳을 찾아 빈칸에 써 넣으세요.

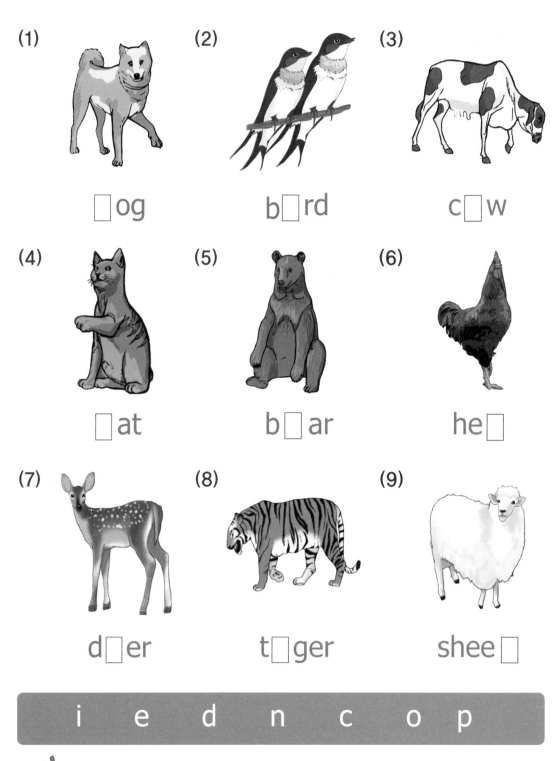

(1) □og

(2) b□rd

(3) c□w

(4) □at

(5) b□ar

(6) he□

(7) d□er

(8) t□ger

(9) shee□

i e d n c o p

2. 단어에 맞는 그림을 찾아 동물 이름을 한글로 써 넣으세요.

다음 단어를 소리내어 읽어 보세요.

그림	영어	한글
	river 리버-	강
	air 에어-	공기
	tree 트리-	나무
	star 스타-	별
	sun 선	태양
	mountain 마운틴	산

단어를 예쁘게 따라 써 보세요.

snow   snow

snow   snow

눈
스노우

moon   moon

moon   moon

달
문

field   field

field   field

들 판
필드

땅
그라운드

ground ground

ground ground

바 다
씨-

sea sea sea

sea sea sea

호 수
레이크

lake lake lake

lake lake lake

1. 그림과 서로 맞는 단어를 연결해 보세요.

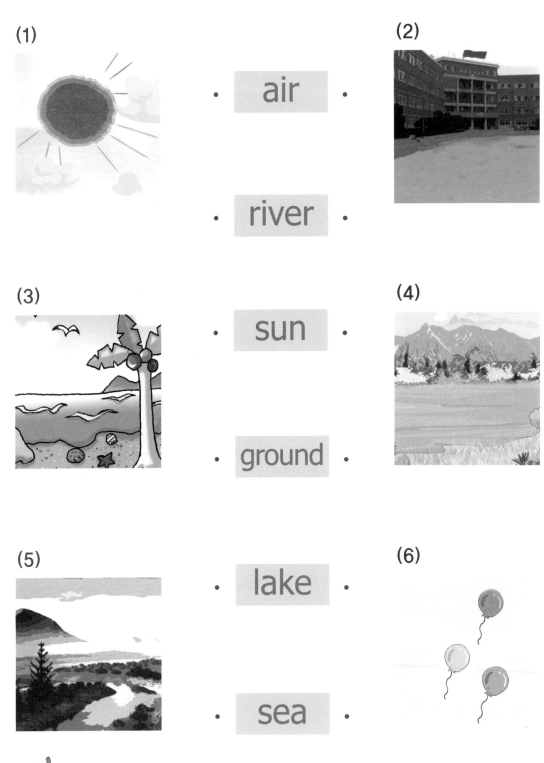

(1)

(2)

· air ·

· river ·

(3)

(4)

· sun ·

· ground ·

(5)

(6)

· lake ·

· sea ·

2. 서로 맞는 것끼리 선으로 연결하세요.

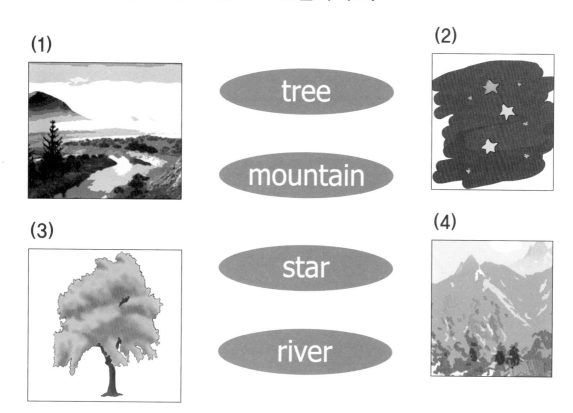

(1)

(2)

tree

mountain

(3)

(4)

star

river

3. 다음 □ 속에 알파벳을 바르게 배치하여 맞는 단어를 만드세요.

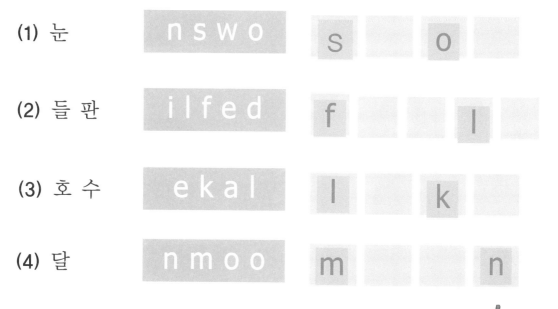

(1) 눈   n s w o   s   o

(2) 들 판   i l f e d   f   l

(3) 호 수   e k a l   l   k

(4) 달   n m o o   m   n

14. 사계절 · 하루

봄
스프링

여 름
썸머—

가 을
오—텀

겨 울
윈터—

년 · 해
이어—

매 일
에브리 데이

morning

아 침

모닝

afternoon

오 후

애프터-눈-

night

밤

나잇

yesterday

어 제

예스터-데이

today

오 늘

투데이

tomorrow

내 일

투모-로우

🎒 단어를 예쁘게 따라 써 보세요.

아 침

모닝

morning morning

morning morning

오 후

애프터-눈-

afternoon

afternoon

밤

나잇

night night

night night

어 제
예스터-데이

yesterday

yesterday

오 늘
투데이

today today

today today

내 일
투모-로우

tomorrow

tomorrow

다음 단어를 소리내어 읽으면서 따라 써 보세요.

spring   summer   autumn   winter

---

1. 서로 맞는 것끼리 선으로 연결하세요.

(1)

(2)

(3)

(4)

autumn

spring

winter

summer

2. 알맞은 것끼리 서로 연결해 보세요.

(1)

(2)

(3)

(a) afternoon　　(b) night　　(c) morning

3. 알맞은 단어를 보기에서 골라 ☐ 속에 써 넣으세요

(1) In spring, it is _____ .

봄은 따뜻합니다.

(2) In summer, it is _____ .

여름은 덥습니다.

(3) In autumn, it is _____ .

가을은 시원합니다.

(4) In winter, it is _____ .

겨울은 춥습니다.

보기 :　cold　　hot　　cool　　warm

15. 색·날씨

yellow

노랑색
옐로우

red

빨강색
레드

green

초록색
그린

blue

파랑색
블루-

brown

갈 색
브라운

white

흰 색
화이트

black

검은색
블랙

purple

보라색
퍼-플

orange

오렌지색
오린지

hot

더 운
핫

clear

맑 은
클리어-

cool

시원한
쿨

cold

추 운
코울드

warm

따뜻한
웜

windy

바람부는
윈디

snowing

눈오는
스노우잉

raining

비오는
레이닝

cloudy

구름낀
클라우디

단어를 예쁘게 따라 써 보세요.

파랑색
블루-

blue blue blue

blue blue blue

노랑색
옐로우

yellow yellow

yellow yellow

빨강색
레드

red red red

red red red

구름낀
클라우디

cloudy cloudy

cloudy cloudy

더 운
핫

hot hot hot

hot hot hot

맑 은
클리어-

clear clear

clear clear

1. 아래에서 색을 나타낸 단어를 ——— 위에 써 넣으세요.

(1)

_____ umbrella
(핑크색)

(2)

_____ book
(파란색)

(3)

_____ blouse
(그린색)

(4)

_____ ribbon
(보라색)

(5)

_____ car
(붉은색)

(6)

_____ bird
(노란색)

Purple   Blue   Pink   Green   Yellow   Red

2. 다음 빈칸에 알맞은 알파벳을 왼쪽에서 찾아 써 넣으시오.

(1)

r
w

□aining

(2)

r
w

□indy

(3)

e
n

s□owing

(4)

l
c

c□oudy

3. 사다리를 따라 그림에 맞은 단어를 □ 속에서 찾아 써넣으세요.

clear   hot   cold   cool

16. 시간·숫자

one o'clock

1 시
원 어클락

two o'clock

2 시
투 어클락

three thirty

3시 30분
쓰리-써티

five o'clock

5 시
파이브 어클락

six thirty

6시 30분
씩스 써티

seven o'clock

7 시
세븐 어클락

eight thirty

8시 30분
에잇 써티

ten o'clock

10 시
텐 어클락

twelve o'clock

12 시
트웰브 어클락

one

일
원

two

이
투-

three

삼
쓰리-

five

오
파이브

ten

십
텐

thirty

삼 십
써-티

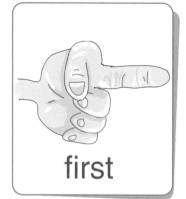

first

첫 번째
퍼-스트

second

두 번째
세컨드

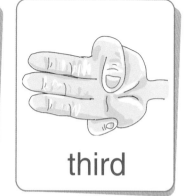

third

세 번째
써-드

단어를 예쁘게 따라 써 보세요.

2 시
투 어클락

two o'clock

two o'clock

6 시
씩스 어클락

six o'clock

six o'clock

5시
파이브 어클락

five o'clock

five o'clock

일
원

one one one

one one one

이
투-

two two two

two two two

3

삼
쓰리-

three three

three three

1. 그림의 숫자를 나타내는 단어를 ☐ 속에서 찾아 써 넣으세요.

(1)　　　　　　　(2)　　　　　　　(3)

＿＿＿＿ apples　　＿＿＿＿ dools　　＿＿＿＿ candies

(4)　　　　　　　(5)　　　　　　　(6)

＿＿＿＿ balls　　＿＿＿＿ bags　　＿＿＿＿ cars

three　　one　　five　　nine　　six
four　　ten　　two　　seven　　eight

2. 서로 맞는 것끼리 선으로 연결하세요.

(1)

(2)

(3)

(4)

(5)

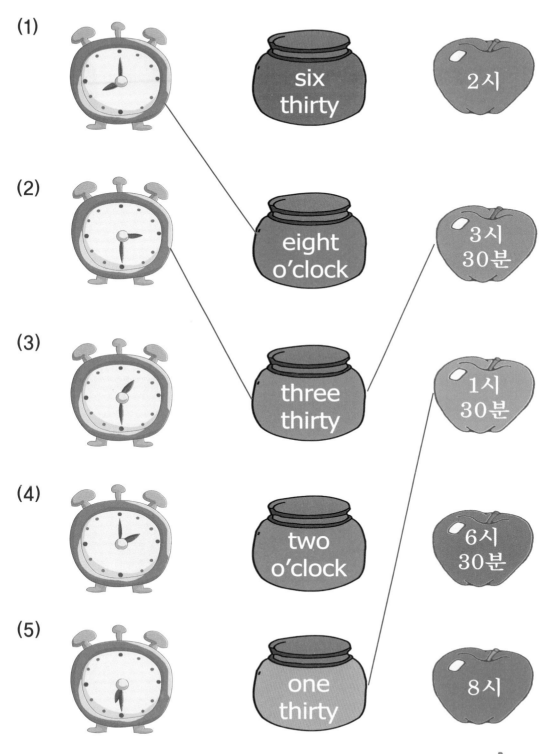

17. 모양을 나타내는 대립어

thin

얍은

띤

thick

두꺼운

씩

thin   thin

thick thick

heavy

무거운

헤뷔

light

가벼운

라잇트

heavy heavy

light   light

quick

빠른

퀵

slow

느린

슬로우

quick quick

slow   slow

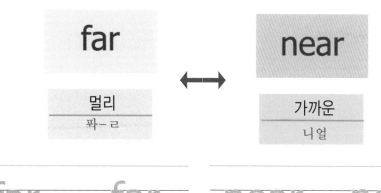

far ↔ **near**

멀리
파-ㄹ

가까운
니얼

far   far   near   near

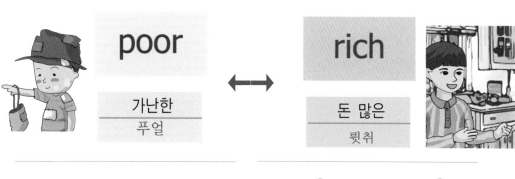

poor ↔ **rich**

가난한
푸얼

돈 많은
릿취

poor   poor   rich   rich

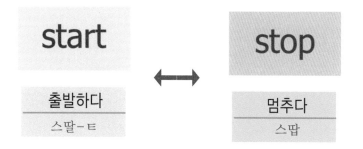

start ↔ **stop**

출발하다
스딸-ㅌ

멈추다
스땁

start   start   stop   stop

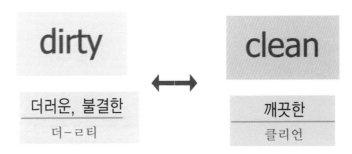

dirty
더러운, 불결한
더-ㄹ티

↔

clean
깨끗한
클리언

dirty dirty   clean clean

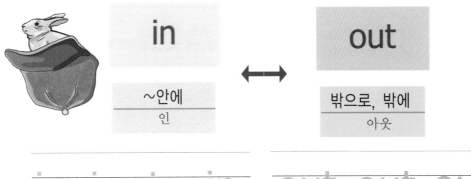

in
~안에
인

↔

out
밖으로, 밖에
아웃

in in in in   out out out

push
밀다
푸쉬

↔

pull
당기다
풀

push push   pull pull

sit

앉다

씻

↔

stand

일어서다

스땐드

sit sit sit sit stand stand

open

열다

오우쁜

↔

shut

닫다, 덮다

셧

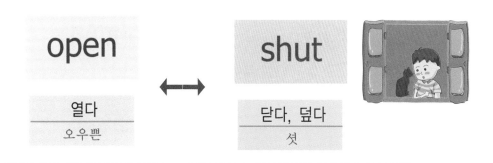

open open shut shut

glad

기쁜, 반가운

글래드

↔

sad

슬픈

쌔에드

glad glad sad sad

find		lose
찾다	↔	잃다
퐈인드		루-즈

find find   lose lose

ugly		beautiful
못생긴, 추한	↔	아름다운
어글리		뷰-티플

ugly ugly   beautiful

full		empty
가득 찬	↔	빈
풀		엠띠

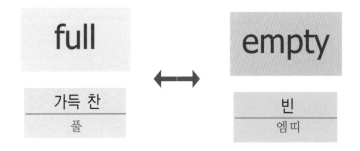

full full full   empty empty

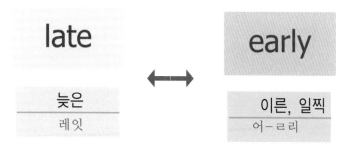

late ↔ early
늦은 — 레잇
이른, 일찍 — 어-르리

late   late   early early

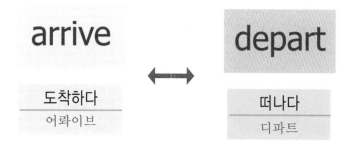

arrive ↔ depart
도착하다 — 어롸이브
떠나다 — 디파트

arrive arrive depart depart

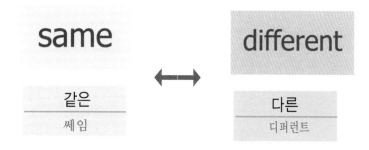

same ↔ different
같은 — 쎄임
다른 — 디퍼런트

same same   different

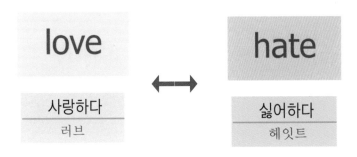

love ↔ **hate**

사랑하다
러브

싫어하다
헤잇트

love love   hate hate

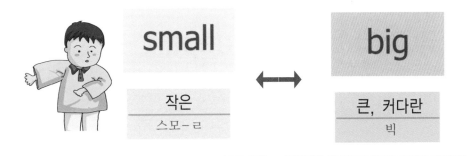

small ↔ **big**

작은
스모ー르

큰, 커다란
빅

small small   big big big

go ↔ **come**

가다
고우

오다
컴

go go go go come come

forward

앞으로
풔어드

$\longleftrightarrow$

back

뒤로, 거꾸로
백

forward forward back back

finish

끝내다
퓌니쉬

$\longleftrightarrow$

start

시작하다
스딸-ㅌ

finish finish start start

hard

딱딱한
하알드

$\longleftrightarrow$

soft

부드러운
써-트

hard hard soft soft

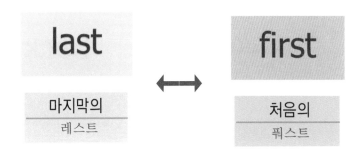

last

마지막의
레스트

↔

first

처음의
풔스트

last last first first

fast

빠른
풰스트

↔

slow

느린
슬로우

fast fast slow slow

buy

사다
바이

↔

sell

팔다
쎌

buy buy sell sell

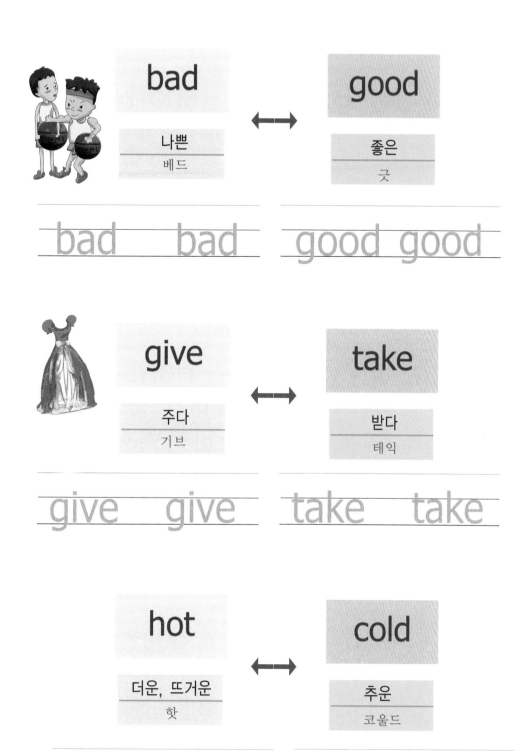

bad	good
나쁜	좋은
베드	굿

bad   bad   good good

give	take
주다	받다
기브	테익

give   give   take   take

hot	cold
더운, 뜨거운	추운
핫	코울드

hot   hot   cold   cold

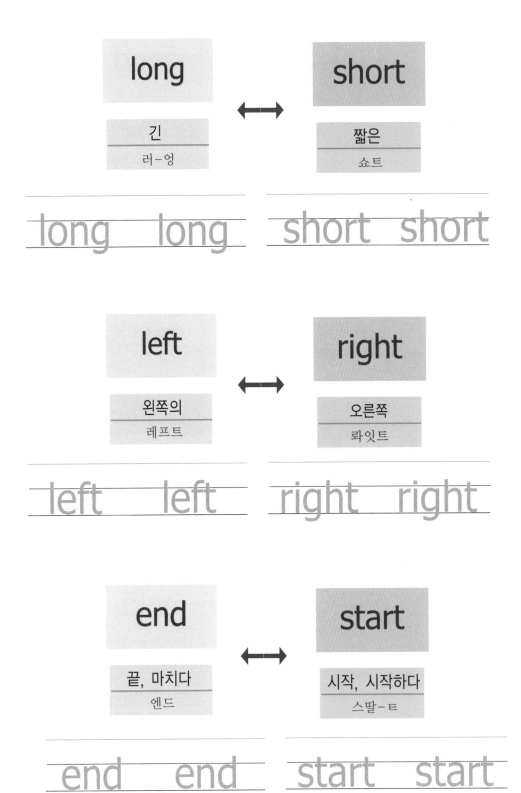

long	↔	short
긴		짧은
러-엉		쇼트

long   long   short   short

left	↔	right
왼쪽의		오른쪽
레프트		롸잇트

left   left   right   right

end	↔	start
끝, 마치다		시작, 시작하다
엔드		스딸-ㅌ

end   end   start   start

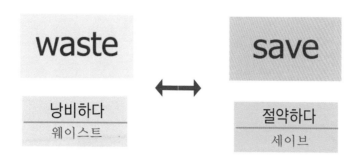

waste ↔ **save**

낭비하다 / 웨이스트 절약하다 / 세이브

waste waste   save save

dull ↔ **smart**

어리석은 / 덜 영리한 / 스마트

dull dull   smart smart

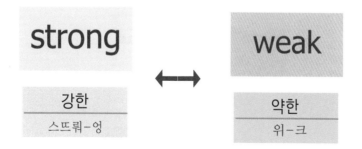

strong ↔ **weak**

강한 / 스뜨뤄-엉 약한 / 위-크

strong strong weak weak

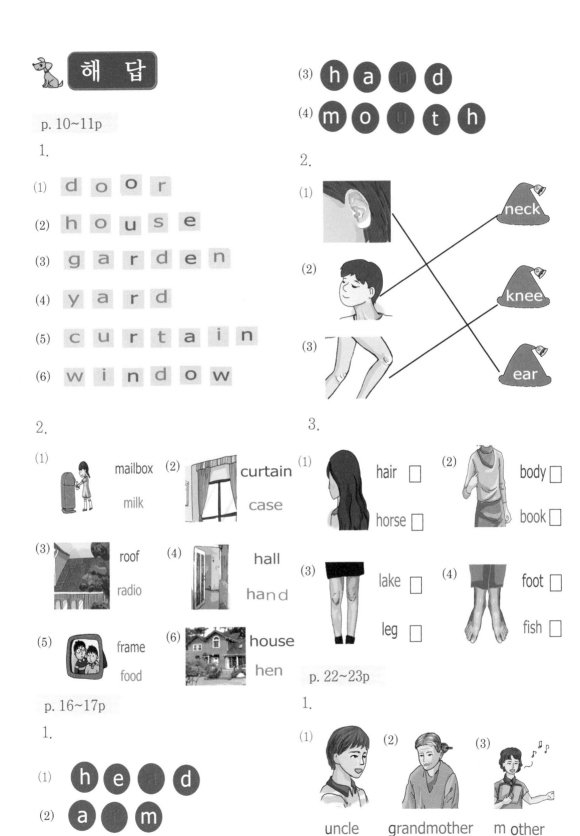

해 답

p. 10~11p

1.

(1) d o o r

(2) h o u s e

(3) g a r d e n

(4) y a r d

(5) c u r t a i n

(6) w i n d o w

2.

(1) mailbox
milk

(2) **curtain**
case

(3) roof
radio

(4) **hall**
hand

(5) frame
food

(6) **house**
hen

p. 16~17p

1.

(1) h e a d

(2) a r m

(3) h a n d

(4) m o u t h

2.

(1)

(2)

(3)

neck

knee

ear

3.

(1) hair ☐
horse ☐

(2) body ☐
book ☐

(3) lake ☐
leg ☐

(4) foot ☐
fish ☐

p. 22~23p

1.

(1)

(2)

(3)

uncle   grandmother   m other

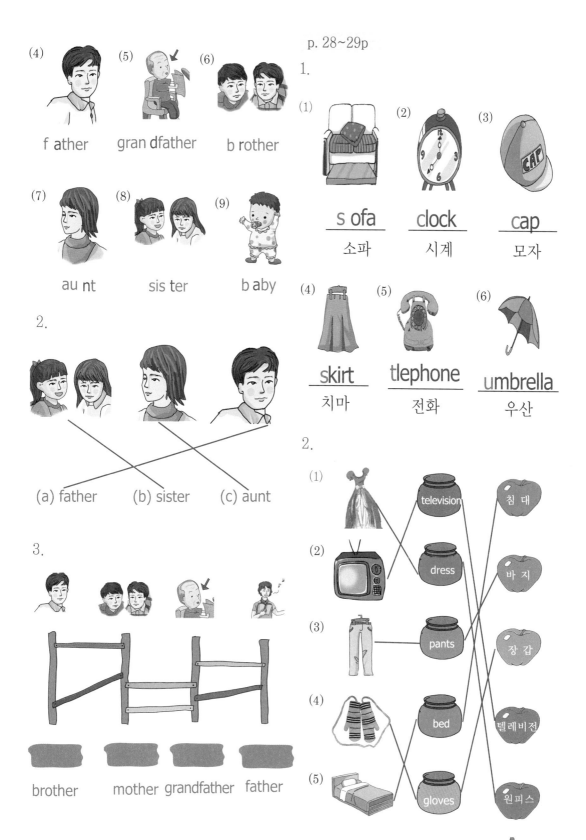

(4) f ather

(5) gran dfather

(6) b rother

(7) au nt

(8) sis ter

(9) b aby

2.

(a) father   (b) sister   (c) aunt

3.

brother   mother   grandfather   father

p. 28~29p

1.

(1) s ofa
소파

(2) clock
시계

(3) cap
모자

(4) skirt
치마

(5) tlephone
전화

(6) umbrella
우산

2.

(1) television   침 대

(2) dress   바 지

(3) pants   장 갑

(4) bed   텔레비전

(5) gloves   원피스

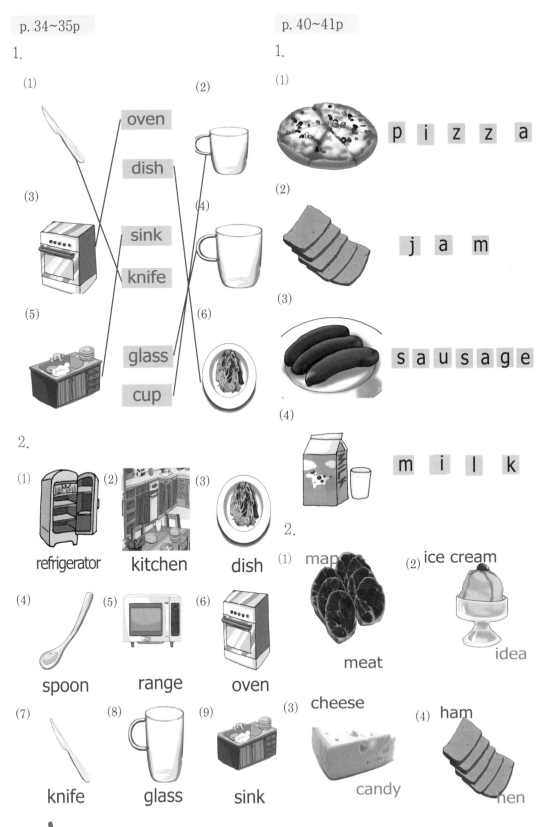

p. 34~35p

1.

(1) oven

(2)

(3) dish

(4)

sink

knife

(5)

(6)

glass

cup

2.

(1) refrigerator (2) kitchen (3) dish

(4) spoon (5) range (6) oven

(7) knife (8) glass (9) sink

p. 40~41p

1.

(1) p i z z a

(2) j a m

(3) s a u s a g e

(4) m i l k

2.

(1) map / meat (2) ice cream / idea

(3) cheese / candy (4) ham / hen

(5) old

(6) **bread**

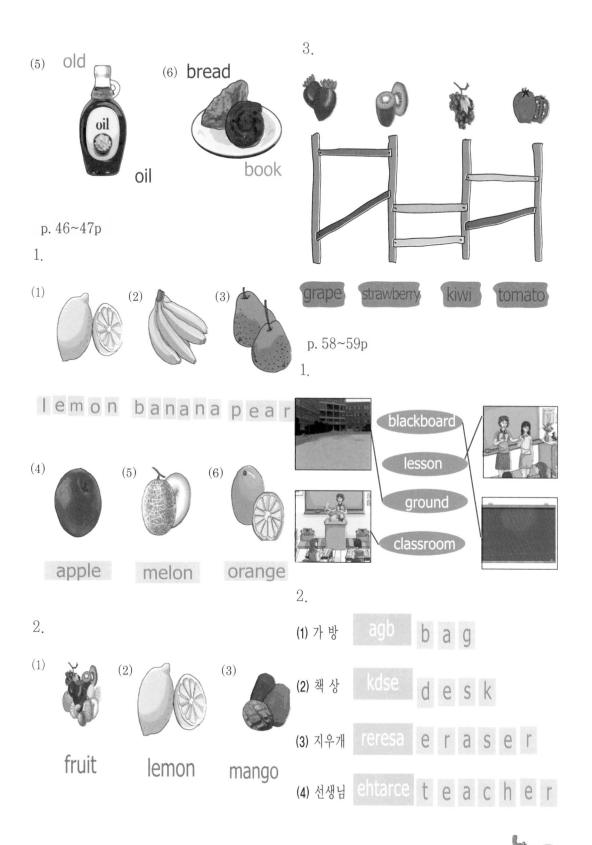

oil

book

p. 46~47p

3.

1.

(1)
(2)
(3)

l e m o n b a n a n a p e a r

grape strawberry kiwi tomato

p. 58~59p

1.

(4)
(5)
(6)

apple melon orange

blackboard

lesson

ground

classroom

2.

2.

(1)
(2)
(3)

fruit lemon mango

(1) 가방 agb b a g

(2) 책상 kdse d e s k

(3) 지우개 reresa e r a s e r

(4) 선생님 ehtarce t e a c h e r

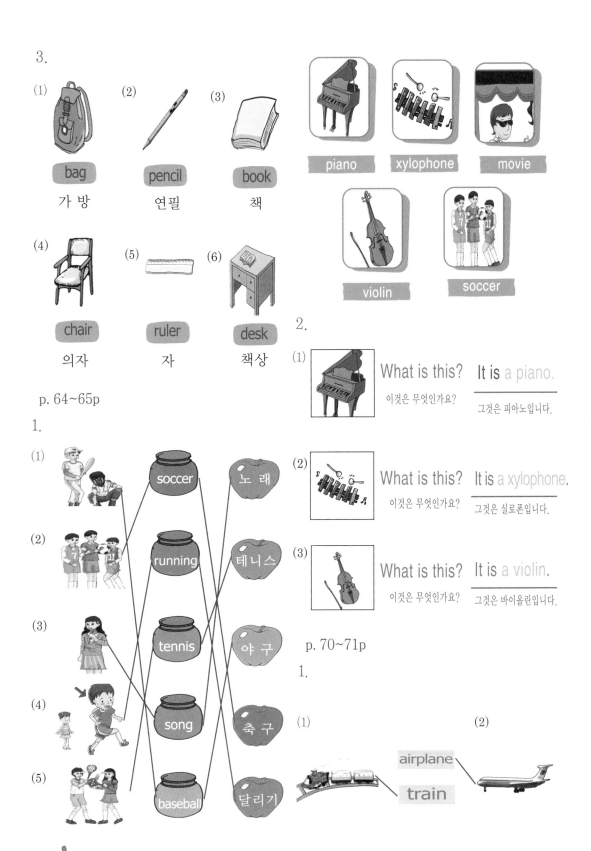

3.

(1) bag
가방

(2) pencil
연필

(3) book
책

(4) chair
의자

(5) ruler
자

(6) desk
책상

p. 64~65p

1.

(1)
(2)
(3)
(4)
(5)

soccer
running
tennis
song
baseball

노래
테니스
야구
축구
달리기

piano   xylophone   movie

violin   soccer

2.

(1) What is this? It is a piano.
이것은 무엇인가요?   그것은 피아노입니다.

(2) What is this? It is a xylophone.
이것은 무엇인가요?   그것은 실로폰입니다.

(3) What is this? It is a violin.
이것은 무엇인가요?   그것은 바이올린입니다.

p. 70~71p

1.

(1)   (2)

airplane

train

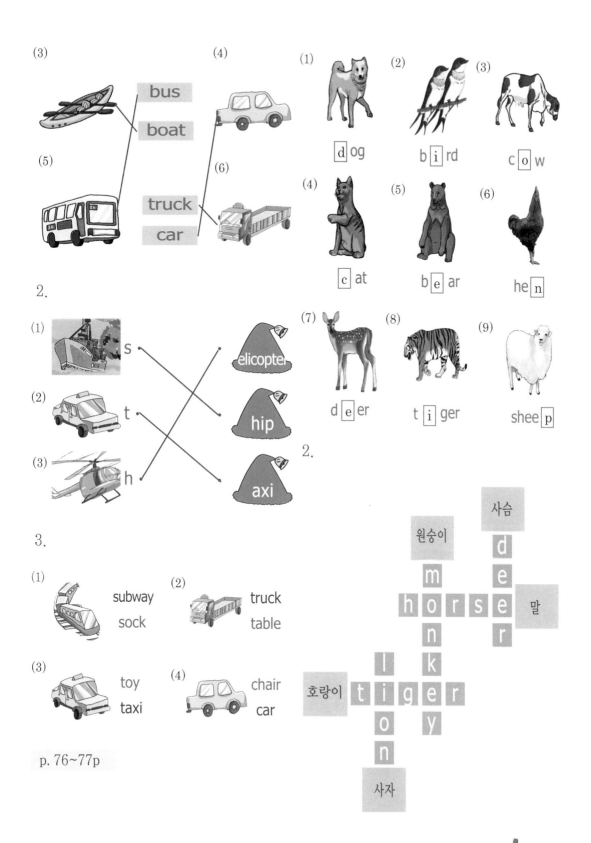

(3)
(4)
(5)
(6)

bus
boat
truck
car

(1) d og
(2) b i rd
(3) c o w
(4) c at
(5) b e ar
(6) he n
(7) d e er
(8) t i ger
(9) shee p

2.

(1) s
(2) t
(3) h

elicopter
hip
axi

3.

(1) subway / sock
(2) truck / table
(3) toy / taxi
(4) chair / car

p. 76~77p

2.

사슴
원숭이
d
m
h o r s e 말
n e
l k
호랑이 t i g e r
o y
n
사자

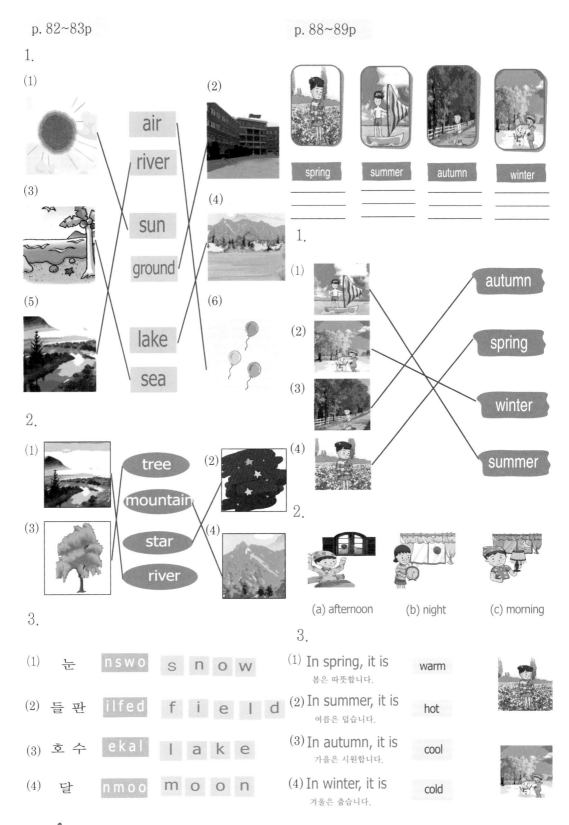

p. 82~83p

1.

(1) air
river

(2)

(3)

sun

(4)

ground

(5)

lake

(6)

sea

2.

(1)

tree

(2)

mountain

(3)

star

(4)

river

3.

(1) 눈　nswo　s n o w

(2) 들 판　ilfed　f i e l d

(3) 호 수　ekal　l a k e

(4) 달　nmoo　m o o n

p. 88~89p

spring　summer　autumn　winter

1.

(1)

autumn

(2)

spring

(3)

winter

(4)

summer

2.

(a) afternoon　(b) night　(c) morning

3.

(1) In spring, it is　warm
봄은 따뜻합니다.

(2) In summer, it is　hot
여름은 덥습니다.

(3) In autumn, it is　cool
가을은 시원합니다.

(4) In winter, it is　cold
겨울은 춥습니다.

p. 70~71p

1.

(1)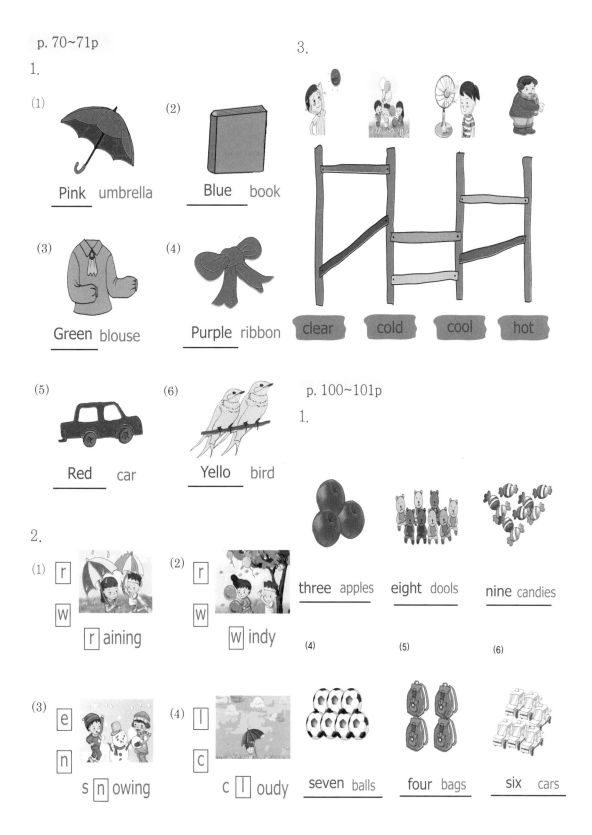

__Pink__ umbrella

(2) __Blue__ book

(3) __Green__ blouse

(4) __Purple__ ribbon

(5) __Red__ car

(6) __Yello__ bird

3.

clear   cold   cool   hot

p. 100~101p

1.

three apples   eight dools   nine candies

2.

(1) r / w   __r__ aining

(2) r / w   __w__ indy

(3) e / n   s __n__ owing

(4) l / c   c __l__ oudy

(4) seven balls   (5) four bags   (6) six cars

121

쉽게배우는
어린이 영단어
따라쓰기

재판 5쇄 발행 2021년 3월 20일

글 Y&M 어린이 어학 연구소

펴낸이 서영희 | **펴낸곳** 와이 앤 엠

편집 임명아 | **책임교정** 하연정 · 변현정

본문인쇄 명성 인쇄 | **제책** 청우 바이텍

제작 이윤식 | **마케팅** 강성태

주소 120-100 서울시 서대문구 홍은동 376-28

전화 (02)308-3891 | Fax (02)308-3892

E-mail yam3891@naver.com

등록 2007년 8월 29일 제312-2007-000040호

ISBN 979-11-97126-5-4-3   63710